JN439726

# 내 안의 뜰

한국작가 작품선 · 132

**내 안의 뜰**

**강 명 옥 제2시집**

초판 1쇄 인쇄 · 2022년 5월 20일
초판 1쇄 발행 · 2022년 5월 25일

지은이 · 강 명 옥
발행인 · 윤 영 희
주　간 · 이 현 실

발행처 · 도서출판 동행
출판등록 · 제2-4991호
주　소 · 서울시 중구 을지로 14길 16-11(2층)
전　화 · 02-338-2734, 2285-0711
팩　스 · 02-338-2722



값 10,000원
ISBN 979-11-5988-028-5

한국작가 작품선 · 132

# 내 안의 뜰

강 명 옥 제2시집

동행

## 시인의 말

내 마음 읽어주는 세월이 머무는 풍경, 침묵의 언어를 묶어 책으로 남길 수 있어 익어가는 황혼길을 아름답게 완성하는 선물 같은 보배라 생각한다.

미풍에 여울지는 들꽃 한 송이에도 사랑을 품는 심장이 나대는 생각과 감성으로 시를 지은 것을 세상 밖으로 내보낸다.

부족함을 느끼기도 하지만, 최선을 다한 마음의 풍경을 표현한 시가 사랑을 받고 사랑을 주는 평온함을 안겨주길 바라며 소중한 인연에 선물하고 싶어 용기를 냈다.

창작하는 작업에 도움을 많이 준 평생 동반자 남편과 등불이 되어 주는 사랑하는 가족 보물이 있어 이 모두가 가능했다고 생각된다.

괜찮은 사람으로 남고 싶은 맑은 흔적을 기대하는 소망으로 시를 쓰면서 반성과 성찰로 게으르지 않은 생활을 할 수 있는 늘 도화선이 되는 문학에 도전한 것은 나에게 내가 주는 선물에 흔연하다.

시인의 길을 잘 지향(指向)할 수 있도록 디딤돌 되어 주시는 한국작가협회 김건중 회장님께 무한한 감사 인사를 드리고 싶다. 풀꽃 한 송이에도 따뜻한 미소 보내는 모든 인연에 복 짓기를 염원하면서….

오늘을 잘 살아야 내일을 잘살 수 있는 삶, 소풍 같은 인생 여정에 감사한다.

2022년 오월

■ 시집에 부쳐

# 아름다운 삶

**김 건 중**(소설가, 한국작가협회 회장)

시는 사람의 가슴 속에서 살아 숨 쉬는 존재다.

젊은 가슴이건 노년의 가슴이건 시 속에서는 그 감성이 별 차이가 없는 것 같다. 다만 세월의 깊이가 다를 뿐이다.

이런 생각에 확신을 심어준 것은 강명옥 시인의 시를 읽으면서 확고해졌다.

두 번째로 상재하는 강명옥 시인의 「내 안의 뜰」은 젊은이 못지않은 감성을 지닌 시들이다. 또한 직관적 상상에 의존된 시들이면서 시인 나름대로의 의미를 부여하고 있다.

대부분의 시들이 아름다운 자연으로 느낌을 간직하고 있으며 그 느낌은 자연을 담고 싶어하는 시심이 담겨 있다. 그 마음은 자신을 아름다운 삶으로 승화시키려는 몸부림이자 유토피아이다.

강명옥 시인 시운 중에서 "이런 시인이 되고 싶다"를 보면 '고난 시련이 닥쳐왔을 때/ 한 편의 시로 마음 다독이는/ 마중물이 되고 위로가 되는/ 그런 시를 쓰고 싶다' 라고 시에 자신을 의존하고 있는 것이다.

이처럼 강명옥 시인은 시가 인생의 풍향계 노릇을 하고 있는 셈이다. 또한 「내 안의 뜰」에서는 '인생동반자 무한대 인연의 복/ 세상 끝까지 지켜야 할 소망'으로 삶의 고난보다는 행복을 추구하는 마음가짐이 강명옥 시인의 인생관 같기도 하다.

이것은 일상을 감사히 여기고 사람이 있는 풍경이나 사물 하나하나에서 찾는 의미창출과 함께 사랑이 깃들어 있는 것임을 발견할 수가 있다. 그것은 긴 세월 동안 살아오면서 아름다운 삶에 대한 생각과 긍정적인 사고에서 비롯된 결과인 성싶다.

이렇게 시와 함께 인생을 향유할 수 있는 것 또한 아름다운 삶이 아니겠는가. 그것은 소녀 같은 감성과 고운 심성에서 우러나올 수 있는 인생의 큰 선물인 것이다.

끝으로 제2시집 「내 안의 뜰」을 계기로 더욱 큰 시인이 되길 기대하며 시집 출간을 축하드린다.

◆ CONTENTS ◆

◆ CONTENTS ◆

## 2 바람의 노래

◆ CONTENTS ◆

## 3 소나무의 여정

◆ CONTENTS ◆

## 4 우리 집 뜨락에서

## 5 황혼의 인생길

# 1

# 내 안의 뜰

# NO PROBLEM*

무방비의 노상 방뇨를 하는 인도 사람
질퍽한 소변 냄새나는 거리
마음을 비우지 않고는
이해할 수 없는 거리의 광경들
많은 유적과 파괴된 사원의 설화
내가 사는 세상과 다른 인도의 문화

거지가 한뎃잠을 자면서도
얼어 죽는 일 없다며 NO PROBLEM!
전설의 이야기가 얼룩진 갠지스강에
흙탕물 목욕을 하면서도 NO PROBLEM!
신호등 없는 거리 중앙분리대 없어도
교통사고 없다며 NO PROBLEM!
소똥을 만져도 병에 걸리지 않고
맨발로 다녀도 발 시리지 않아
신발 걱정 없어 NO PROBLEM!
GNP가 세계 꼴찌여도 NO PROBLEM!
그들은 갠지스강에서 무엇을 깨달았을까?

인도 여행은 충격 혼란 문명의
아쉬움을 동시에 안겨준다

가슴으로 취하고 사진으로 담아온 나는
어느 날 또 인도로 가고 있을 것이다
무엇이 문제인가 NO PROBLEM!

* NO PROBLEM! : 문제없다, 괜찮아요.라는 뜻

# 가을 하늘

꽃구름 흐르는 청청한 하늘
창연한 빛으로 마음 창을 흔든다
지나온 여정이 번지는
하늘을 우러르고 싶다
무언으로 전해오는 희미한 실루엣
낯익은 발걸음 소리 덮는
그리움의 자막
여린 울림으로 피어나는 연심
사랑처럼 고운 가을 하늘은
가슴을 출렁이게 하는
심안으로 물드는 추억들을 채색한다
고향 집 보릿가을 풍광이 아련한
천상에 계신 부모님들 한자리에 모여
두레밥상 위에 끓고 있는 된장찌개
무성한 물풀 사이를 흐르는 시냇물에
물수제비 날리며 놀던 유년의 시간을
대작으로 그린 그림, 구름에 태우고
하염없이 바라보다 바보가 되는 가슴

# 갈대꽃

늦여름 자색 빛을 품은 황갈색의 꽃은
가을이 되면 만개한 회백색 빛을 더해
연연한 빛 은빛 머릿결 풀어
향기도 없는 꽃이
환상적인 매력으로 마음을 흔든다
회갈색 황량한 늦가을에
태어나는 꽃이어서 더 아름다운
숲을 이루는 갈대꽃의 향연
색채를 이루며 나부끼는 부메랑
노래하는 갈대꽃 순정
계절을 몰고 가는 소리
엉킨 머릿속을 풀리게 한다

옛이야기 풀어 놓는
조개구름에 꽃들이 만개하면
시간에 묶여있는 추억의 회억은
은밀한 그리움이 절절해진다
갈대꽃 구름 빛 잡아당기는
조화로운 자연의 생명력을 보며
삶을 무작정 달려가는 내게 꿈을 꾸듯
악보 없는 쉼표가 꿈틀댄다

# 개울 물소리 들으며

숲의 바람을 기억하게 하는 산
산길 따라 흐르는 산간수
겨울이 녹으며
두런두런 속삭이는 소리에
봄의 전령사 갯버들 산수유 동백꽃
도화선이 되어 산천을 물들인다
개울물 흐르는 생명의 숲에서
머릿속이 꽉 찬 듯 몽롱할 때
마음 안을 빗질해 주는 소리에 취해
물아일체 경지에 빠지고 싶다
온몸을 에워싸는 산의 향기에 취해
너럭바위에 앉은 생각 허공을 비상한다

푸른 궁전의 문을 열어주는 산
사랑처럼 불어오는 산바람에
마음을 기대어 산을 오른다
숨을 쉬는 생물은
물이 없이는 존재할 수 없는 법
산의 소중함을 모르는 현실은
메말라 가는 대책 없는 방관으로

금수강산 우리의 산들이
무방비 무대책에 밀려나지 않기를
청아한 계곡 물소리 들리는
파라다이스를 꿈꾸며 산을 오른다

# 골담초

감감한 기억 찾아오는 골담초
봄이면 외가 대문 지킴이 노란 꽃
관절염에 좋아 약재로 쓰이는
중국이 고향인 골담초는
노란 나비를 닮았다
구월이 오면
콩꼬투리 모양의 봉오리 따던 추억
금작화라고도 하는 콩과의 꽃
초롱초롱하게 달린 나비 같아
정담을 나누던 그때가 그립다

만개하기 전 봉오리는
어머니 버선 같은 그림자로
담벼락에 드리우던
추억의 꽃을 볼 때면
외가 이야기들을 데려와
헤살거리는 몸짓 미소에
디딜방아 찧고 계시는 할머니 그림자
그리운 옛날이 소환되어 온다
골담초 다른 이름 버선 꽃
세월 흘러가도 가슴을 떠나지 않는다

# 고성 왕곡마을

고풍스러운 품격이 옛날 그대로인
전통 한옥, 기와집
추억이 마당을 채우는 초가집
할머니 찾아가던 길이 설핏한
왕곡마을 고샅길 따라 흐르는 개울물
쉬는 듯 잔잔한 물속에 옛 친구들
얼비치는 거기에 나도 서 있다
인연에 이는 조우의 바람 현현(顯現)한
정든 음성 들릴 것 같은 풍경
세월을 움켜쥔 우연의 연분
소녀 시절의 그곳과 같은 마을
해 질 녘이면 모여들던 선연한 추억
왕곡마을 오봉식당은 할머니의 방
옛이야기 들으며 저녁을 먹는다

* 강원도 고성 왕곡마을 : 2020년 1월 10일~11일
한국작가협회 문학기행(동계세미나)

# 고비사막의 밤

어스름 빛이 숙연해진 사막
별들이 가득한 망망한 밤하늘
뜨거운 열정 하늘을 날고
손에 닿을 것 같은 가까운 별들
속삭이는 음률에 취해
해 저문 서쪽 하늘같은
그리움이 몰려와 마음을 흔든다
나지막한 잿빛 하늘
마음의 향수(鄕愁) 하늘빛에 물들고
별똥별 나를 향해 날아온다
보석보다 찬란한 별 헤는 밤
끝도 없는 연을 따라가는 생각
스쳐 간 인연들의 그림자
신기루처럼 아른거린다
팔 벌리면 품에 안길 것 같은 달
추억의 그림자를 쏟아내고
나직한 사막의 하늘은
꽃바람 타는 피안의 세계
게르*의 밤은 깊어 더없이 고요해진다

* 게르 : 몽골사막 유목민들의 집

## 꽁초의 수난

백해무익이라는 무언의 언어와
필요악인 담배, 단어들의 조합을 배제하는
연기 속으로 굼뜬 꿈 피어오른다
주머니 속이 현주소였던
사랑을 독차지하며 체온을 하나로
애연가들의 입맞춤은 영원 속에 빠져
서로의 숨소리 듣는 열망이 끝나면
샘물 같은 모험 장막의 시간은
완성도 미완성도 없는 해소되지 못한
마음속 공해는 길을 잃는다

일방적인 인간의 무한한 이기심은
야성 타오른 심미적 대상을
토사구팽시킨 꽁초, 밟아 뭉개어 버린다
바람에 끌려다니는 퇴물이 되어
구둣발 운동화 신발마다 밟고 간다
형편없는 몰골로 통증을 앓는 흔적
부평초처럼 떠돌이 바람과의 동행은
또다시 버려져 정체불명이 된다
생의 에움길이 괴로울 때나 지칠 때

머릿속을 개운하게 훑어주던
담배의 비애 타고 남은 꽁초는
욕망의 체험이 끝난 전설이 되어
헐렁한 인사도 없이 버려진다

## 거리의 꽃

연년이 흐르는 세월은 쌓여가고
쌓여가는 세월만큼 아픔만 더해진다
보상이라도 하듯
쉼 없이 펄럭이는 현수막
나 좀 봐달라고 애원하는 손짓
현수막을 흔들던 바람
내 앙가슴을 흔든다

"실종된 송예희 좀 찾아주세요"
거리의 꽃 슬픈 사연의 그림자
좌절하지 않는 끊임없는 신념
아버지는 희망의 끈을 놓지 않을 터
사랑하는 딸을 품에 안을 때까지
서걱이는 기억 그리워 울컥이는
가슴 뛰게 하는 거리의 꽃
간절해서 밤낮없이 펄럭이는 꽃
거리의 꽃 애절한 바람의 꽃
경부선 상행선 안성휴게소
곳곳에 뿌리내린 거리의 꽃
딸을 만나게 해달라는 가슴속 울림
뿌려지는 전단지 구겨지는 얼굴
소망이 바람에 출렁이는 애련한 꽃
거리의 우는 꽃 언제 울지 않으려나

# 김천 교동 연화지

조선 시대 농업용수로 조성된 저수지
연못을 지키는 사념 없는 연꽃
바람에 노니는 연잎 헤살거리는
옛이야기 나누는 봉황대 정자
자연과 풍류 학문을 토론하고 시를 읊는
선비들의 흔적들이 그려진다

분수대의 화려한 춤사위에 마음이 가는
못 주변 풍경에 취한 카페
테라스에 앉아 커피 한 잔
속 가슴을 흔들지만, 마음만 두고 간다
마름이* 연못을 장악하는 산책길 걸으며
돌아드는 골목길, 옛집을 보니
물밤** 채취(採取)하던 추억 얼 비친다
경관이 수려한 봉황대를 품은
시골 할머니 집 같은 식당
연화지 둥지 톳 밥집 중식은
일품 톳 밥 마력(魔力)에 흔연하다

* 마름 : 연못에서 자라는 마름과의 한해살이풀
** 물밤 : 마름 열매를 물밤이라 한다.

## 그때가 그립다

봄바람이 출렁이면
추억이 온몸으로 적셔온다
옅어진 계절 간의 틈을 비집고
새들이 찾아오는 길목으로
나무는 꽃등 내건다
계절도 자연도 사람도
소풍 같은 인생 여정
미련으로 남겨진 그림자
지난 세월의 추억을 소환한다

숯불에 고기 구워 먹던 행복
약주에 취하고 정에 취하던
덕유산 삿갓재 산장의 밤
늦은 밤까지 오가는 정이 흔연하던
별빛 향수는 남아 있는데
화무십일홍 일장춘몽이던가
한때는 소리 없이 멀어져간
새벽이슬 인사 받으며
바람 소리 마중하는 산길 오르던
그날들의 잔영 그때가 그립다

## 그리운 고향산천

개구리는 개굴개굴
뜸부기 뜸북뜸북
구슬피 노래하는 산야
송아지 엄마 찾는 소리 들으며
감꽃 실에 꿰어 목에 걸고
친구들과 산천을 누비던 곳
아늑하고 평화로운 내 고향
옛 풍경들이 주마등처럼 몰려와
마음을 흔들어 놓는다
만상(萬祥)의 날개로 꽃등 달아
새콤달콤 앵두 익을 무렵
당알당알 달린 앵두 따던
오늘도
마음의 안식처 고향이 그립다

# 그리운 어머니

작달비 쏟아지는 소리에
꿈결처럼 깬 잠
서늘해지는 가슴으로
들리는 어머니의 목소리
옥죄어 오는 그리움 찾아 든다
영원히 마르지 않을 강
늦기 전에 효도하려 해도
가슴에 머무는, 소설 같은 사연
아픈 그림자 젖어 든다

목메게 보고 싶어도
볼 수 없는 몽골 계신 어머니
아픈 손가락 되신지, 오래
남은 흔적들의 긴 그림자
먼 하늘 끝에 어룽진다
아들의 인생길에 놓인
이정표 없는 유랑 길
창문을 두드리는 빗소리에
착잡한 생각에 얽힌다
하늘로 오르는 그리움
가슴으로 쓰는 편지 안개비 내린다

# 내 고향 친구

잊었던 세월을 잉태하는 침묵
어른거리는 낯익은 그림자
고향 가는 아련한 고샅길을
사유하는 시간의 무늬를
발효시키는 그리움
놀 번진 서녘 하늘처럼
가슴으로 잠기는
정겨운 옛 친구들
어디에서 무얼 하고 있을까?
검은 머리 은발 되니
아득한 옛날이 절절해진다
실개천 징검다리 건너 둑길 걷던
추억 쌓인 푸르른 젊은 날
미련 남는 작별에 눈물짓던
김천역 플랫폼 잊히지 않는 사연
인생 소풍 길 따라 흩어진 친구들
오늘따라 유난히 그립다

# 낙엽 지는 소리

짙은 가을이 여물어 가는 산
햇살은 꽃바람을 타고
산정 우듬지에 떠도는 구름에
여울져 가는 추억
산 그림자에 내려앉는다
백양산 골짝마다
계절이 혼재되어 있는 양
구분 없이 피어 있는 야생화
골짜기마다 떠나야 할 계절이
늑장을 부리는 산하

갈색 물감 묻은 붓으로
가을을 채색하고 있는 햇볕
자연이 빚어내는 비경은
양지바른 둔덕마다 예술품들
대자연에 흠뻑 젖게 한다
단풍에 물드는 산행
붉은 낭만이 찾아 들어
낙엽 지는 바람 소리 듣는다
마음 자락에 출렁이는 그리움
시간의 무늬 겹겹이 쌓여 있는
낮달, 아득한 그림자 토해낸다

* 1998년 11월 13일 협동산악회 백양산 등산에서

# 내 고향 언덕 아래

아침 햇살처럼 빛나던 청춘
꿈속에서도 창공을 날던 꿈들은
가슴에 머물고 있는데
무정이 흐르는 세월 바람처럼 가고
사연 많은 인생은
서녘 노을처럼 저물어 간다
팔순을 바라보는 황혼에
만남이 시작된 인연의 강
촛불 같은 무한한 사랑을 한다

운명이 갈라놓을 이별에
그대 아프게 하고 싶지 않아
비단 같은 그림자 남겨두고
눈물로 떠나가는 비련
강원도 수라리재 언덕
고향 들녘 빈집에서
들리지 않는 발걸음 소리 기다린다
여인의 애련 덧없이 내려놓은
못다 한 사랑 가슴 쓸어내리는
그리움을 빗질하는 추억
황혼 들녘으로 물들어 간다

*2011. 4. 11「그대 사랑합니다」영화를 감상하고~.

# 내 안의 강

감성을 흔드는 연정
황홀한 꿈속처럼 달달하다
가슴을 채워주는 향기와 눈빛
보이지 않는 믿음의 고리
그림처럼 깔아놓는다
소리 없이 읽히는 동반자
인생 선물 같은 사람
아웅다웅 다툼으로 토라진 마음도
측은지심에 돌아서는 심연
동화 같은 우리 보금자리
곁에 있어도 보고 싶은
사랑의 수호신 삶의 이정표
애정 가득한 행복 화양연화
하늘을 밝히는 은하수 별빛처럼
가슴에 달뜨는 보물

# 내 안의 뜰

향그러움 가득 번지는
봄의 정령(精靈)이 만개하는 뜰
달빛 미소 품은 꽃들의 향연
이야기를 불러 모은다
흑백앨범을 보듯
회억의 파노라마가 손짓하는
소녀 적부터 지금의 둥지까지
받은 은혜 감사하며 남은 여정
인연의 복 깃들기를
들꽃 하나에도
여운이 남는 기도하는 정념
잔잔하게 물들어 가는 시나브로

날마다
마음 항아리에 담은 사랑
하늘 땅 부처님께
하사받은 보물 내 가족들
인생 동반자 무한대 인연의 복
세상 끝까지 지켜야 할 소망(所望)

## 내소사 2

백 살을 넘긴 전나무 가로수
찾아오는 길손을 반긴다
백제 무왕 34년(633)에 창건한 천년 고찰
천년의 나이테를 두른 느티나무
묵묵 좌정 절을 지킨다
수백 년 세월을 품은 대웅보전
고색창연한 연꽃 문살의 고고한 자태에
숙연해지는 마음으로 합장한다
두 손 모은 붉은 소망
기와 불사에 새겨 기도 올린다

내소사를 병풍처럼 둘러앉은 내변산
능선을 따라가는 사연 바람을 타고
만산홍엽이 토해낸 선홍의 단풍
오색구름을 태운 절경
산객들의 마음을 흔든다
초입 식당 촌에서 막걸리 묵무침
자연에 동화되어 오가는 술잔
남기고 싶은 박꽃 같은 향수
서늘한 바람 소리 가을이 깊어간다

# 2

# 바람의 노래

# 누에보 다리

암벽을 오르는 박무에 취해
풍광 속으로 빨려드는 가슴
암석에 새겨진 세월의 빗장 열면
내 마음 들꽃 같은 구름이 된다
흐드러진 벚꽃 바람에 날리듯
소슬바람에 물안개 고개 돌리니
풀빛 그림자 하얀 미소 번진다
빛바랜 세월이 침묵하는 구시가지와
아침 햇살 같은 신시가지를
절벽과 절벽 사이를 건너는
전설의 인연 맺어주는 다리
세월을 엮어 천상의 화원을 만든다

밤이면 달을 품고 흐르는 물처럼
절경에 취해 커피 한잔 나누려 했더니
계곡 위에 찻집 자물통 채워진 빈집
한 오라기 삶이 자욱한 안개에 실린다
홀연히 신선이 나타날 거 같은
오랜 전설을 품은 가슴 떨리는 비경

* 누에보 다리 : 스페인 론다 계곡 위에 세워진 절경의 구도시와 신도시를 협곡과 협곡 사이로 건너는 다리

## 늦가을이 오면

싸리꽃 펼쳐진 길섶
요염한 자태, 조그마한 싸리꽃
바람을 유혹하는 알싸한 향기로
발걸음 뒤척이게 하는 숲길
싸리나무로 만든 빗자루
운동장을 쓸던 추억의 그림자
훈육의 회초리도 되었던 싸리나무

하굣길
헤픈 웃음 하늘 길을 걷는
너른 무밭 밭두렁 걷던
그날들의 그림자 아득 아련하다
난롯불 위에 모인 도시락 이야기
땅따먹기, 공기놀이, 누비던 교정
과거 속에 머물러 보는 시간 흔연하다
저물어가는 황혼녘 늦가을 산야
그때 그날들의 우정 쌓인 하얀 미소
오늘 유독
그리운 안부 보고 싶은 얼굴 어룽진다

# 독도

천년이 가고 영겁의 세월 가도
대한민국 영토 동해의 심장
늠연한 모습 동도와 서도
기상 넘치는 태고의 정의 솟구친다
동방의 파수꾼이 되어
금수강산을 지켜주는 독도
높은 파도를 타며 묵언 수행하는
홀로인 듯한 섬이지만
한반도의 동쪽 끝으로 희망 차오른다
아침 해에 단군 할아버지
대한민국 영토 조선의 땅이라고
메아리로 들려오는 함성 둥근 해에 실린다

일출도 일몰도 만날 수 있는 섬
금강산 설악산 푸른 물
손잡고 흘러오는 동해
독도 연안의 산호 군락지 거북손 군락지
풍부한 어장이 수려한 바닷속
수많은 생물이 어우러진 자리돔의 천국
바닷속에서도 태극기가 지켜준다

대한민국이 겹겹이 세세토록 지켜가야 하는
염원을 싣고 영원히 빛날 이름 독도
대한민국과 함께하는 보물 파라다이스

* 텔레비전에서 수중 드론 영상으로 만나본 독도 바닷속 태극기

# 동강 래프팅

기대와 호기심으로
출렁이던 마음 간곳없고
불안과 초조로
강나루에서 서성이는 길손들을
멈추는 듯 흐르는 강물이
무언의 유혹을 한다
마음을 다잡고 도전에 도전을
거센 물살의 급류에 휩싸이는
찰나의 만끽은 환희에 빠져들게 한다

어라연에 상선암 중선암 하선암 위에
도도히 서 있는 소나무가 반기는
빠른 물살 잦아든 유유히 흐르는
동강 진탄나루터 모래강변에
오종종 모여 앉은 협동산악회 회원들
묵무침에 동동주 한 잔은
세상 행복 다 가진 웃음꽃
조개구름과 동행한다
동강만이 가지고 있는 비경
수달 비오리 쉬리 어름치가 노니는
풍경화를 품은 산기슭 그림자
유영하는 비단 물결을 보며
청옥 빛 맑은 마음 한없이 평화롭다

# 마산 돝섬

삼십 년 만에 만난 추억의 장소
마음속 강으로 흐르던 그리움
물빛 무늬 시를 읊조린다
흔적들이 자아도취 되어
몽환적인 마산 돝섬
아린 사연 윤슬로 걷는 바다
가시처럼 박혀있는 옹이
천상에 계신 아버지 얼비친다

보랏빛 인연에 몸살을 앓는
다시 걷고 싶은 아련한 추억
해변 길 돌아들어 전망대에서
그때 그날의 해원을 푼다
그 옛날 걷던 숲속 산책길 걸으며
그날로 돌아가 과거 속에 머무는
옛이야기 들려오는 돝섬
아련한 그림자 흰 구름으로 번진다

* 2018. 6. 15~16(1박 2일) 한국작가협회 문학기행

# 마가목

복산방 꽃차례를 이루며 피는 꽃
몽올몽올 꽃봉오리 옹골지게 맺혀
나비를 유혹하는지 나를 유혹하는지
오월의 풍성한 하얀 꽃송이
가을이면 고운 단풍 빛 붙들고
주홍빛 열매 마음으로 들어온 마가목
두통 관절통 통증 완화에도 도움이 되는
약재로 쓰이는 나무는 새들의 양식도 된다

평택 파크골프장에서 우연히 조우한
햇볕 방실대는 꽃세상
바람처럼 넘나들며 향유하는 가슴으로
들어온 향기 세월이 가도 떠나지 않아
진홍빛 열매 미틈 달에 채취하여
연하게 우려낸 부담 없는 차
심연을 따스하게 한다
여백을 채워주는 보석 같은 열매에 반해
인연을 맺은 마가목
우리 집 뜨락을 장악한다
바람처럼 넘나드는 새들의 낙원

* 미틈 달(들 겨울 달) : 11월은 가을에서 겨울로 치닫는 달이라 하여 미틈 달, 순수 우리말

# 먼지처럼

세월의 흔적만큼 퇴적된
허공을 부유하다 내려앉은
쌓이고 쌓여 먹빛으로 물든 먼지
창틈 모서리 천장 구석구석
천태만상으로 변한 불청객
손길이 미치지 못한 곳마다
모이고 모여 굳어진 먼지
닦아내지 않으면 떠날 줄 모른다
검게 진화한 해묵은 먼지는
잘 닦아지지도 않는다

삶의 허점들이 모이면 이러할 터
오래도록 방치된 먼지들을 보며
내 안의 강을 돌아본다
남들이 아는 허점
나만 모르고 사는 건 아닌지
무심하게 지나친 일
잘못 내뱉은 언어들
누군가에게
옹이로 가라앉아 있지 않을까?
암석으로 굳어 있지는 않을까?
먼지의 미세한 입자처럼

# 명성산

배산임수* 풍광이 으뜸인
명성산 자락에
궁예와 고려 태조 왕건의
심혼이 무늬 지는 자인사
빗장 열린 세상으로 날아든 회억
산객들은 연합된 일체로
산정호수를 바라보며
차오르는 숨을 고른다

구름도 흘러가다 멈춘 억새밭
자색 빛 무늬 지는 황갈색 꽃
갈빛 머릿결, 심연에 물드는 심홍(深紅)
간간이 만나는 쉼터에서
정겨운 수다로 추억을 쌓는다
너른 억세 평원을 돌아들면
능선 숲길 이야기 흔연하다
옛 향수를 품고 있는 명성산
산상의 화원을 지키는 야생화에
빠져들어 묵었던 체증도 삭혀낸다

* 배산임수(背山臨水) : 지세(地勢)가 뒤로는 산을 등지고 앞으로는 물에 면하여 있음

# 모란꽃

오월 봄빛 넘노는 뜰에
여백으로 물든 다홍빛 붉은 꽃
잊힌 세월을 반추하는
햇살 입맞춤에 꽃잎 하늘거린다
하늘빛 달달한 환청에
꽃등 밝혀 화답하는 모란
햇빛 하얀 미소와 손을 잡은
사랑 담은 모란의 민낯에 반한
나비도 바람처럼 쉬어가는 꽃
바라볼수록 빠져들게 한다

봄의 요정, 묵언의 울림으로
혼자만의 밀실을 완성하는 독백
완연한 봄바람에 화향백리
모란의 이야기 들으며
비우지 못한 얼굴을 떠올린다
마음의 향연 머문 순백의 순정
달빛 품은 교교한 너의 환생은
풀밭 같은 사랑 빛 품게 한다

# 목련화 사랑

상긋이 속삭이는 우아한 꽃
여미는 듯 벙긋이 열리는
수줍게 나래 펼치는 꽃송이
버선발로 마중하고 싶은
천사의 미소에 반한다
해마다 사월이 오면
고고한 자태 화안한 민낯
눈부신 우윳빛 목련화
햇볕과 바람이 빚은
은은한 향기 창천으로 흐른다
너의 그림자 등불 바라보며
무지갯빛 곱게 앙가슴에 그린다
밤거리 가등(街燈)처럼 적막한 날은
목련화 차 한 잔에 마음을 기댄다

# 목화꽃

너른 목화밭, 다닥다닥 피어 있는
바람이 쉬는 목화 꽃송이마다
하얀 미소로 출렁인다
담녹색으로 피어 분홍빛으로 낙화하는
생에 두 번 탄생하는 꽃은
고아한 미색에서 분홍빛으로 핀다
낙화한 자리 다시 피어나는 솜꽃
포근한 솜을 잉태하는
생을 다하고도 이로움을 남긴다

꽃 피기 전 담녹색 봉오리 따먹으면
입안 가득 퍼지는 풋향기
달콤 쌉싸름한 맛을 즐기려
외할머니 따라 목화밭 사랑꾼이 되었던 유년
언제나 반기는 듯 미소 머문 목화는
그리움을 잉태하고 추억을 소환한다
옛적에 할머니가 뽀얀 몽실몽실한 솜꽃을
가족을 위하여 이불솜 옷솜 만들기 위해
망태기에 사랑을 채우던 모습 어룽지는
목화를 볼 때마다 할머니의 그림자 덧씌워진다
인생 꽃과 할머니의 사랑이 하나 되는 목면

# 무화과

큰아들이 구매한 무화과나무
서울 양재 꽃시장이 고향이다
세월 품어 키운 무화과나무는
담녹색 주머니 모양의 꽃방
열매 속 안 둥지에서 꽃이 피는
원초적인 특유의 달곰한 맛과
깊은 은은한 향을 품은 무화과는
기원 오천 년 전부터
인류의 사랑을 받았다고 한다
화서로 크는 자주색을 더한 녹갈색
기관지염 예방과 해독에도 좋은 과일
바람에 홀홀히 흔들리는 넓적한 푸른 잎
출렁이는 너울 내 마음에 녹아든다

큰손주가 좋아하는 과일 중의 과일
가을이면 무화과 익는 그윽한 향기에
큰아들과 손주 이야기 그려지는 열매
인연의 연분이었을까?
무화과나무를 크게 멋지게 키우고 싶다
복주머니 닮은 조롱조롱 달린 은화과 사랑

* 은화과 : 헛열매의 하나 무화과 등

## 미로 속 코로나19

미로 속에서 활보하는 코로나19
지구의 모든 나라가 앓고 있는 전염병은
성찰할 시간도 없이 맥박이 끊어지고
전설의 사연처럼 신종 단어만 무성해진다
언제쯤 소굴의 늪에서 빠져나올지
침묵의 칩거로 벌겋게 멍든 가슴
만날 수 없어 나눌 수 없는 정
푸른 묵언 한숨 쉬는 안부가 대신한다
비대면과 거리두기, 마스크 착용은
무력감 쌓이는 창살 없는 감옥이다
이정표 없는 숨죽이는 2020년 봄
훼손된 세상을 정화시키는 공중도덕
지키지 않는 경각심 없는 행동 때문에
일상을 격리해야 하는 고충의 연속이다

걱정과 불안이 울분으로 전환하는 이즈음
날이 갈수록 병원을 아비규환으로 만드는
우상의 마성에 함몰된 불나비들
얼굴 못 보는 세상을 만든다
집단행동의 먹구름 같은 현실은
종식될 기미는 아득하고
지옥의 강은 이타심보다는 이기심으로

무재실시* 나눔의 미덕은 사라져간다
이정표 없는 자유주의 때문에
정부의 지침 문자 오늘도 날아온다
지구의 전쟁 코로나 종식을 염원하는
민국을 지키는 촛불로 타는 희생
생활 방역수칙 방심하지 말고 잘 지키자

* 무재실시 : 돈이나 재물이 아니더라도 눈빛 맑은 미소. 따뜻한 말 한마디로도 보시가 될 수가 있다는 뜻

# 바람의 노래

나무 침묵 길 지나면
전통다원 안심당*
차향에 발걸음 멈춘다
낭만 흐르는 풍경에 취해
녹색 바람 소리 듣는
한지공예 동자승 인형
여유로운 맑은 표정에 반한
햇볕 하늘하늘한 미소
하늘 길을 비상한다
삽상한 바람 소리
내 앞을 서성이는
골골에서 이는 바람의 노래
흐릿하게 보이는 그대 모습
곁에 있어도 멀리 있어도
속가슴을 물들이는 사람

* 안심당 : 경상북도 봉화 청량산에 있는 찻집

# 바람처럼

논배미에 자운영꽃
바람 따라 춤추는 풍경은
깊은 곳에서의 창조력
무한한 상상력은 예술을 탄생시킨다
자운영을 만나는 바람 소리에
은밀한 내면의 숨결 가슴을 흔든다
논배미에서 올미 캐어 먹던 환상
소녀 적 시절의 그림자
잊었던 친구들 모습 몰려오는
논배미로 심장이 뜀박질한다
어제의 발걸음 소리 사라지듯
몽환적인 아련한 그때를
해가 뜨고 해가 지듯
떠나간 것은 떠나간 대로 두고
인연의 그릇에 복을 담아주는
맑은 마음으로 바람처럼 살자

# 바람의 향기 밤꽃

온몸으로 사운대는 밤꽃 향기
바람에 사위어가는 숨결을 품는다
밤꽃에 앉은 햇살 무늬에
낮달이 쉬어가는 사연
귓전을 맴도는 바람의 이야기
앙가슴을 건드린다
암수한몸 한 나무에서 꽃을 피우는
자웅동주 밤나무는 천생연분으로
온산을 덮은 만개한 밤꽃
짙은 향기에 옛 그림자 물든다

유월이면 벌들의 향연이 펼쳐지고
선물처럼 우리에게 오는 밤꿀
철분과 칼슘 위와 간에 도움을 준다
가을이 되면 알밤을 잉태한 암꽃
가을빛 조명되어 비추는
문 열린 영글은 알밤 유혹
고향 집 뒷산 밤나무가 얼비친다
설익은 햇살 무늬 내려앉은
어머니의 생전 추억이 헤살헤살

# 배다리 생태공원

평택의 명소 배다리 생태공원은
몸과 마음의 천국이다
마중 나오는 꽃등 정령
꽃잎 만삭의 숨결에 취한다
찾아온 발걸음 뒤척이게 하는
흰뺨검둥오리 쌍쌍이 떼로 모여
너른 저수지 전부가 엄마의 가슴인 듯
노니는 모습이 한가로운
아늑한 꿈길 걷듯 편안해 보인다
때가 되면 원정(遠征) 갔다가
다시 돌아오는 새들의 낙원
삶의 현장 천지(天地)가 고향인가 보다
구름도 쉬어가는 맑게 흐르는 실개천
잉어랑 비단잉어 이야기 들리는
산책길 걸으며
달뜨는 마음 허공을 비상한다

* 정령 : 만물의 근원을 이룬다는 신령스러운 기운. (꽃의 혼이 담긴 신선한 기운)

# 변산반도 내변산 2

산길 도랑 물소리 연연한 곳
산자락 계곡 길 따라
굽이굽이 오르면 흔연해지는 마음
인공 직소보 전망대에서 쉬어간다
하늘을 담은 저수지 푸른 물빛
산 그림자를 조각하고 있다
내변산*의 산중 직소보
산책로를 따라가다 보면
마중 나오는
봉래구곡 선녀탕 직소폭포
산해절승** 절정에 젖어 든다
햇살 모이는 바위 사이로
피어 있는 야생화
어화둥둥 맑은 자태
발걸음을 멈추게 한다
따끈한 차 한 잔이 생각나는
꽃구름에 실린 그리운 얼굴
풀밭 같은 가슴으로 들어온다

* 내변산 : 전라북도 부안군에 있는 산
** 산해절승 : 내변산의 산과 외면산의 바다가 어우러지는 절경을 말한다

# 붉은병꽃나무

산지에서 자생하는 병꽃나무
깔때기 모양의 병꽃은
무리를 지어 조롱조롱 피어
바람에 출렁이는 향연에 반해
봉오리를 채취하여 그늘에 말린
꽃을 차로 마시면 소화불량으로
답답한 속이 편안해진다
샐러드 비빔밥 나물로 식탁에 앉은
맛깔스러운 풍미에 감도는 행복
여운을 안겨주는 심오한 마력이 있다

달무리 짙어가는 밤
풀 벌레 소리에 잠들고
수풀 바람 소리에 잠이 깨는
먹빛 덮인 밤이 새면 꽃 문 연다
숲속 길섶에서 만난 붉은병꽃
헤살헤살 웃음 지으며 바람을 쓰담쓰담
지나는 길손 발걸음 뒤척이게 한다

# 3

# 소나무의 여정

# 봉화산*

진분홍 철쭉 천상의 미소로 반기는
능선마다 향기에 취하는 상춘객
백제와 신라의 격전지인
아막성지에서 숨을 고른다
성곽을 지키는 꽃들을 만나고
꼬부랑재에 이르기 전
손꼽히는 군락지에서 바람처럼 쉬어간다
목재 데크길을 물들이는 꽃향기 속에
삼삼오오 모여 먹는 점심 식사
꿀맛 같은 시간이 흐르고
바람이 데려온 숲 향기에
가슴을 시원하게 비우는 라온*
심장이 춤추는 추억을 남긴다

산마루 광활한 초원지대의 억새평원
너른 정상의 조망은 천상의 화원
황홀경에 마음이 뛰어다닌다
백두대간 지리산 연봉을 바라보는
정겨운 산골 풍경을 품은
내 고향 내 집 같은 산

봉화가 피어올랐던 역사가 숨 쉬는
우리가 기억해야 할 산이다

* 전북 장수군 번암면 노단리 봉화산. 2016. 5. 12일 협동산악회 산행
* 라온 : '즐거운'이란 말로 순수 우리말

# 부엉산의 수리부엉이

호남고속철도가 뚫린 바로 옆
수리부엉이의 서식지 부엉산
잦은 굉음은 평화로운 낙원을 흔든다
고속철도가 지나가는 경제 논리는
삶과 죽음의 공존이 모호한
경계선을 넘나드는 화룡점정
수리부엉이 질척한 울음 삼키는
태고의 정적 아득한 기억의 탐닉
터전을 지키려는 소리 바람을 탄다
문명을 따라가기는 미약한 자연
영원히 평행선으로 갈 수 없는
평화로운 날들이 흩어진다

사물을 식별하는 탁월한 시력으로
야생동물을 장악하는 제왕 천연기념물은
영역을 잃어가는 슬픔을 외면당한다
문명의 변화에 실의를 논하기는 무력하고
현실의 문화에 떠밀려 떠나야 하는
개발지상주의자들의 위협 앞에
심장을 찢는 맨발의 가시발길 안쓰럽다
삶의 레일이 다른 인간사와 동물의 세계는
한계가 없는 새로운 문화의 현실

무방비의 소리 없는 언어의 항변은
의미가 혼조(混潮)된 무거운 침묵만 흐른다

* 부엉산 : 충남 금산군 복수면 목소리에 있는 산

# 반영의 그림자

반짝이는 윤슬 사운대는
햇빛 녹아드는 청옥빛 호수
마음을 끌고 가는 아름드리나무
비상하는 숨결을 읽으며
물속을 장악하는 산수화를 그린다
구름도 노닐고 물고기도 노니는
함께 따라 들어간 잠자리도
초연한 물밑에서 잠수를 즐긴다
물비늘 헤적이는 가벼운 바람은
수경 같은 가을 호수 반영(反映)
마음속 잔영도 털어간다
오로지 한길만 걷는 그림자
온 마음을 채우는 사랑을 기도하며
나도 거기 서 있다
붉게 하늘을 물들일 때까지

# 벼꽃

망종* 절기가 되면
농부들의 로망이 심어지고
모가 자라서 나락으로 영글어 가는
여름과 가을 논의 주인이 된다
벼꽃이 피기 시작하는 시기는 열흘
벼 한 포기에 하루만 피는 벼꽃
아주 조그만 꽃은
눈에 잘 띄지도 않는다
벼 껍질 속에 암술이 있고
흰 수술만 바깥으로 드러나는 꽃
자가수분**으로 잉태하는 벼꽃은
여름볕 가을볕 먹으면서
영글은 가을 들녘은 환희로 출렁인다
바람의 노래를 듣고 자라는 벼
아버지의 발걸음 소리가
조롱조롱 달린 벼
농부의 가슴을 황금빛으로 물들게 한다

* 망종 : 이십사절기의 하나. 소만과 하지 사이에 들며 이맘 때가 되면 망종(芒種) 보리는 익어 먹게 되고 모를 심게 된다. 6월 6일 무렵

** 자가수분(제꽃받이) : 같은 개체의 꽃가루에 의해서 수정되는 것을 말함

# 백련봉 눈꽃

만세고개 지나 백련봉* 가는
동화의 나라인 듯한
눈 덮인 오솔길 걸으면
눈길 닿는 곳마다 천하절경
봄꽃을 피우던 영산홍
겨울을 읽는 가지마다
손님처럼 선물처럼 찾아온
눈꽃 목화솜 꽃인가 하면
하얀 천국에서 내려온 눈
날개 없는 깊은 여운을 주는 꽃
봄꽃 환희의 미소 덧씌워지는 것은
제행무상(諸行無常)의 진리를 품는다
세월 머물러 있는 산길의 향수
눈꽃을 덧입고 덧입은 풍상
달려온 겨울바람에 남창 거라는 물상
휘어지도록 그리움 품은 아린(芽鱗)**
여백과 곡선이 있는 모던한 동양화처럼
광대무변 우주를 품은 듯하다

* 경기도 평택 덕암산 백련봉
**아린(芽鱗) : 나무의 겨울눈을 싸고 있으면서 나중에 꽃이 나 잎이 될 연한 부분을 보호하고 있는 단단한 비늘 조각

# 사계절

우리나라는 계절마다 파라다이스
강산이 봄을 부르는 도화선
천상에 이르는 통로가 열리듯
생강나무 양지꽃 들꽃 축제로
봄의 전령사 색색으로 물드는 봄
나비는 초대하지 않아도 날아들고
봄바람 소야곡에 아지랑이 안겨 온다

녹음방초 여름 초록의 절창에
백화난만 꽃들의 잔치
소꿉놀이하던 고향 집 추억
무지개가 투영되는 언덕으로 간다

산국 구절초 산천을 노랗게 물들고
열매가 익어가는 풍요의 계절
드높은 흰 구름 깊은 계곡
홍단풍 물결의 하모니
아낙네들 풍요의 가슴, 설레는 가을

하얀 눈의 설경 얼음꽃으로 변신한 물상들
삼라만상을 품은 염화미소 머금은 반영에
심연으로 찾아드는 하얀 정념 산길 오른다

평택 덕암산 백련봉 눈꽃들의 향연
나무마다 몽실몽실 목화솜 닮은 눈꽃
상고대로 고향의 향수 찾아 든다

# 사인암*

직벽으로 서 있는 기암절벽
최고의 경승지 사인암
구름이 시를 쓰면 바람이 읊조리는
한국의 자연유산 천국의 정원
운계천 청수에 잠긴 반영
영겁 세월을 지켜낸 낙락장송
석경(夕景)에 몸을 담은 위풍당당한
운선구곡**, 사인암에 신선 같다
적색 소나무 위엄 넘치는 자태
길손들의 찬사가 끝이 없다

몽환적 선홍빛으로 칠보단장한
속살을 숨긴 천태만상인 비경
쉬어가라 손짓하는 듯하다
한 폭 산수화 암반 위에 적송
녹음에 물드는 출렁이는 마음
천년 기운 서려 있을 사인암에서
남편과 자식들을 위하여 합장한다
청련암에 들려 봉안되어 있는
석가여래좌상과 관세음보살상

인연에 복 쌓는 지혜와 건강 기원하니
사인암 송림 푸르게 안긴다

* 사인암 : 충청북도 단양군 대강면에 있는 사인암. 단양팔경 중의 한 곳
**운선구곡 : 충북 단양군 대강면을 흐르는 운계천(남조천)을 따라 펼쳐지는 아홉 곳의 경승지

## 세월과 손주

엊그제인 듯한
손주 첫돌 미쁨으로 가득한
마음이 출렁이던 돌잔치
어제인 듯한 어느 날
자전거를 타겠다는 손주가 대견하여
한걸음에 자전거 사러간 추억
이제는 내가 들 수 없는 가방 메고
고등학교 다니는 늠름한 녀석
할머니 사랑한다는 말을 듣는 날은
꿈속처럼 설렌다
세상 다 얻은 행복을 주는
할머니의 절대 권력자
큰손주가 좋아할 음식으로
밥상 차리기도 벅찬 노년이 되었다
구구단 외우기 영어 알파벳 외우기
줄넘기하려고 덕동산 다니던 때가
이젠 추억이 되어 가물가물한
손주와 함께한 십일 년 세월
의젓하던 유년 시절의 그림자가
가슴을 떠나지 않는다

# 소나무의 여정

솔수펑이에서 잉태한 씨앗
오가는 세월 속에 고개를 내민
해사한 몸빛 푸르른 정물처럼
햇빛과 손잡고 볕살을 지킨다
궁벽진 곳에서
드잡이에 몰리지 않기 위해
아래 가지는 죽이고 윗가지를 살리는
소나무 에움길 돌고 돌아 움켜쥔
자신을 헤집는 무두질은
사위어 가는 시나브로

맥동을 느낄 수 없는 생목은
온몸을 바쳐 묵은 수행하는
도마로 재탄생 되기도 한다
생의 여울목을 건너게 하는
목탁으로 탄생한 나무는
운율을 타는 하늘의 목탁 소리
어룽지는 달빛과 손잡고
어두운 밤길을 지켜준다
그루터기는 고주박이 되어
땅속과 오랜 세월 동안 인연을 맺은
고사목 옹이가 된 밑동은 예술가의 손에

명품 작품으로 귀한 몸이 된다
죽어서도 볼거리를 제공하는
유익한 소나무 일생은
노거수 쇄골만 남을 때까지
영역을 지키는 수호신이 되어 준다

# 소백산 죽령옛길

백두대간을 가로지르는
영주와 단양을 연결하는 죽령옛길
아직 떠나지 못한 봄과 어울려
숲속의 향기 품어내는 유월
찔레꽃 산딸나무 함박꽃 미소
신록 녹아 있는 꽃들의 노래에 취한다
죽령재 지나 연화 2봉 길섶을 걸어
비밀스러운 희방폭포를 만나
몸과 마음의 창을 연다
연화봉 정상을 올라
광대한 소백산 품속에서
침묵의 언어 묵은 옹이도 털어낸다

세발 계곡을 지나 비로봉 가는 길
민백미꽃 향연 마음을 정화시켜 준다
연두에서 녹색으로 가는 침엽수림
풀빛 산길 감동 감탄할
준비된 산객들을 반긴다
주막이 있던 자리는
평상이 세월을 지키는
신록 우거진 죽령로 누각에서
바람과 함께 쉬어간다

# 속리산 세조길

한국의 8경 중 하나인 속리산
유곡으로 흐르는 물소리 연연한 곳
만산홍엽의 절정 기암괴석과 어우러져
산객들을 숨 막히게 한다
묵향 그윽한 겨울 설경은 한 폭의 동양화
사계절 경관이 수려한 산은
아홉 봉우리 능선마다 장쾌하다
흰 구름과 맞닿을 듯한
천왕봉 비로봉 문장대 관음봉
봉우리마다 절경에 취해 여운 남기는
눈으로 보고 가슴으로 담는다
옛 추억 남겨진 냉천골 휴게소
이야기꽃 피우던 때가 허공으로 번진다

역사의 사연들이 아련한
다시 태어난 세조 길은
새들의 노랫소리 들리는 낙원
마음이 편안해지는 길섶에 홀려서
넋 놓고 바라보게 되는 풍경
내 사랑, 그 사람과 걷고 싶은 숲길

수중 수변 부엽식물들의 보금자리
물안개 잠겨 있는 수원지에 마음이 간다
풍진 세월에 더러워진 심상
일체 번뇌 내려놓으라 말하는 듯하다

## 쌍계사 벚꽃길

하늘에 꽃구름 모두 내려와
나무 그네를 탄다
만개한 쌍계사 벚꽃길
시샘하던 개구리도
물소리에 화음을 맞추는
개구리 노랫소리 흔연한 봄
드론의 꽃길 탐닉, 세상과의 동행
2020년 봄 봄 봄은
악마의 불화살 코로나19
예고 없이 찾아든 소용돌이
휘몰아치는 여울목 강
뉴스는 날마다 절망이다
드론이 아닌 사람이
봄빛 가득한 벚꽃길
언제 걸을 수 있을까?
오늘도
전해오는 봄 향만 가슴에 담는다

* 2020. 4. 1.

# 쓰레기 무단투기

임무를 망각한 이기심은
전용 쓰레기통이 곳곳에 있는데도
아무 곳에나 버리는 불법행위
무단투기 막아야 할 대책은 요원(遙遠)하다
바다로 간 쓰레기 인류의 공적
해양생태계의 파멸은
누가 책임져야 하는가?
환경단체의 경각심 없는 느슨한 예방책
길을 잃은 중차대한 문제의 심각성은
국가적인 방안이 절실하다
폐기물 제재의 필요성을 공감하고
각자의 몫을 스스로가 분리를 잘하는
생각의 인지가 개선되지 않으면
사유가 길을 잃은 무한한 이기심은
누구의 책임 의존만 존재한다
골목마다 쌓여 있는 쓰레기 더미를 보며
적재적소의 대안의 필요성을 통감한다

# 안성천 둑길

가을빛 품은 형형색색 코스모스
주홍빛 얼굴 진분홍 애티
하얀 수줍은 미소로 반긴다
사랑 빛 설핏한 홍조 띤
그렁그렁한 눈빛에 반해
꽃잎에 묶인 여심
가던 길 멈추어 뒤척이게 한다
천국에 계신 아버지의 모습
어룽지는 창천(蒼川)으로
강이 되어 흐르는 옛 그림자
천국의 화원을 보는 듯하다

천변(川邊)을 전세 얻은
바람에 여울지는 은빛 억새꽃
환상적인 매혹에 빼앗긴 마음
어쩌지 못하는 숙연한 떨림
사랑 빛 가슴 되어 울렁인다
서녘 해 질 무렵 안성천은
황금빛 물드는 억새꽃
사랑의 화신(花信)으로 채색한
억새 평원, 무릉도원에서
억새꽃 리듬 타는 너울에 취한다

# 알래스카 빙하

햇볕 반영에 푸른빛 찬연한
무상무념의 지상낙원
밤에는 별빛 낮에는 낮달 노래하는
가슴을 달뜨게 하는 빙산
빙벽에서 떨어진 집 잃은 유빙
억겁 세월이 아련한
하얀 장막을 드리우고
연서로 일렁이는 바다에 물든다
지구온난화라는 세월의 잔인함에
마음을 휘어잡는 수많은 언어
바다를 읽으며 이름 없어지는 유빙
셀 수 없는 시간을 돌아 바다에 젖는
검불보다 가벼이 유유자적
종점 없는 미지의 세계로 흘러간다

돌고래 노닐고 갈매기 날아드는
물아일체* 알래스카** 바다
경이로운 풍광이 천하제일이라기에
억만 리 길 마다하지 않고 달려왔더니
떠도는 이슬 맺힌 빙하를 만나니

둘 곳 없는 마음 설산만 바라본다
순백의 염원 시간을 덮은 이채로운 풍광
운무 타오르는 설산은 천상의 정원

* 물아일체 : 자연물과 자아가 하나가 된다는 뜻으로 자연과 내가 하나가 되는 모습의 의미(완벽하게 몰입된 경지)
** 알래스카 : 북아메리카 북서쪽 끝에 있는 미국의 주. 인디언 말로 거대한, 위대한 땅이라는 뜻으로 베링해협을 사이에 두고 시베리아와 마주 보고 있다.

# 인생길

조그만 꽃등 오종종 내걸던 감나무
떫었던 감 달곰한 홍시로 익으니
달달한 세월을 먹는다
설익은 인연은 시간의 동행
침묵 속에 불씨를 지핀다
여인으로 엄마로 살면서
지난날 회한의 무게가 깊어지는 날
아름다운 소풍 길을 위해 담금질한다
비우지 못해 내려놓지 못한
멍울지는 옹이 몸살을 앓는 허무
드높은 하늘로 여울져 간다
이름 안에 시인이라는 약력은
보람으로 한세상 살아가고 있으니
멋진 삶 감사한 행복이다
가진 것 나누며 후회 없는 삶으로
인연의 복 지으며 살고 싶다

# 어머니 3

내가 가는 날은 언제나 문밖에서
서성이며 기다리시던 어머니
떠나올 땐 조심하라는 당부의 말씀
사랑의 목소리 남겨 두시고
아들 따라 떠나시던 날
이별이 서러워 눈시울 적시던
몽골 땅에 계신 울 엄마
원한 적 없는 이별, 유랑 삶이 되신
해조음처럼 들리는 어머니 목소리
못다 한 효도의 그림자
뉘우쳐도 부질없는 오늘
잠자리에서 깰 때마다
서늘하게 스미는 어머니 향기
황혼 들녘에 서면
숨이 멎을 것 같은 그리움이 몰려온다
소리 없는 무언의 언약
다시 한국으로 돌아오시는 날
울 엄마 행여 넘어지실까?
꽃잎 뿌려 등롱 밝혀 두리라

# 여강 고성의 밤

곤명의 보물 녹지 않는 옥룡설산은
금빛용이 춤을 추는 듯하다는
구름 덮여 있는 만년설을 케이블카로 오르니
영겁의 세월을 이어갈 최고봉은 하얀 천국
봉우리마다 황홀한 눈빛 찬연히 빛나는
눈으로 담으니 달뜨는 가슴이 된다

여강 고성의 옛 마을 고원 도시는
천년의 역사를 뽐내는 유네스코 자연유산
숱한 발길이 빚은 예술 윤기 나는 돌길
골목마다 맑게 흐르는 개울물은
옥룡설산 만년설이 고향이란다
개울가 골목으로 줄지어 사열하듯
회백색의 지붕과 붉은 벽의 전통 목조건물
출입구마다 홍등 길손 마중 정답다
밤이 되면 집집이 불빛 별빛처럼 빛나는
고택의 천장 등불 내려앉은 술잔
마음 오가는 타국의 선물 같은 밤
낭만을 소환하는 달빛 마음은
개울물 소리에 심장이 나대는 행복
옛 마을 어느 고택에 앉아 있는 듯하다

* 여강 고성 : 중국 원난성 동북부에 있는 옛 마을

# 울적한 마음

보고 싶어 안부가 궁금하지만
어떻게 할까 방황하는 사유
어디서 만나야 하는지 걱정이 앞서고
비대면이 아닌 얼굴 대면이 절실한데
시간이 멈춰버린 공간처럼 아득해
울적(鬱積)한 마음 비울 할 일 찾는다
오늘도 누구도 없는 한적한 곳
그런 곳 찾지만 그런 곳 없다

만날 사람 못 만나는 사회 환경
거리감 멀어지는 메마른 세상을 만드는
국경을 넘나드는 불청객 괴물
무서운 숫자의 인명을 죽음으로 내몬다
온 누리를 수렁으로 만드는 코로나19
희망의 불빛을 향해 고군분투하는
얼굴 없는 천사들의 희생
대한민국 정부의 노력에 기도한다
사막 길을 횡단하는 인간이 자행한 수렁
세상천지 분간 못하는 사람들
지옥 같은 악순환의 연속은
우리의 책임 의식이 필요한 시기
생명을 지켜주는 방역수칙 지켜야 산다

# 4

# 우리 집 뜨락에서

# 우리 집 풍경

저마다 자태를 뽐내는 뜨락
주목 오가피 진달래 꽃잔디
인생의 금자탑을 꿈꾸는 자화상에
동행하는 우리 집 정원 나무들
바람에 나뭇잎 부딪히는 소리 정답다
해마다 오월이면 모란꽃 피는 정원으로
찾아오는 손님 참새 나비 비둘기
대문에 들어서면 향기가 마중 나온다
별들의 노래 듣는 밤이면
남편의 다정한 울타리 안에서
하루를 갈무리하는 밤 행복하다

간간이 찾아오는 자식들
엄마 어머님 할머니 부르는 목소리
언제나 설레는 금빛 비타민
인연의 복 지으며 지혜로운 삶을 사는
노랫소리 들리는 그림 같은 풍경
삶의 페이지마다 힘을 실어주는 남편
구름이 쉬어 가듯 소풍 가듯 종착역까지
아름다운 흔적 남길 미래 지향을 위해
멋진 삶을 사는 우리 가족 나의 보물

# 우리 집 뜨락에서

빈 뜰에 홀로 앉아 있으니
참새와 나비가 벗하자 한다
찻잔에 어리는 향수(鄕愁)
말로 다 못할 그리움
차향 속에 머문다
지고 새는 나날 속에
세월이 흘러가듯
외로움이 흥건히 젖어 있음은
우리네 인생이
백발로 다가가는 것
바람 가듯 가는 세월 속에
추억을 소환하는 오늘
정담을 나눌 친구가 그리워진다
미완성의 그림처럼 허전한 가슴
남겨진 아련한 날들이 몰려온다

* 1997. 5. 우리 집 뜨락에서

# 월송정

해안선 백만 그루 소나무가
눈길 끄는 후포 해수욕장
찾아온 길손 마중 정답다
초겨울 안개비 내리는 월송정
세월의 강이 금빛으로 차오르는
태고의 자연 절경에 취한 나그네
떠날 줄 몰라라 한다

남 동녘 태백산 줄기 따라
늘어진 천혜의 쪽빛 바다
만경창파에 층구름 몇 자락 내린
그림 같은 풍광에 젖는다
높은 흰 파도에 실린
너울이 몰고 온 인연들
물빛 그림자로 밀려오는 감동
하늘 호수에 오롯하다

너울 파도 타는 그리움
수평선에 머물고
전설이 묵어가는 월송정 난간에 앉아
동해의 진미 울진 대게와 약주 한잔
술잔 속에 담긴 나누고 싶은 정

## 이런 시인이 되고 싶다

고난의 시련이 닥쳐왔을 때
한 편의 시로 마음 다독이는
마중물이 되고 위로가 되는
그런 시를 쓰고 싶다

뜻하지 않은 병마로
절망의 늪에 빠져 있을 때
생명의 숨결을 읽으며
용기를 얻을 수 있는
그런 시를 쓰고 싶다

마음이 천국과 지옥을 오갈 때
떨림이 있는 감동으로
지혜의 문이 열리고 편안해지는
아픈 상처 다독이는
그런 시를 쓰고 싶다

바람이 가듯 가는 세월
지친 삶 다독거려 주는
한 폭 그림 같은 발자국 남기는
그런 시인이 되고 싶다

# 인연

누가 고아한 마음을 퍼 갔는지
욕심 덩어리만 남은 철면피가 되어
향락이 만연한 발톱을 숨기고
피지도 못한 봉오리 꺾는 검은 얼굴은
풀잎처럼 가녀린 사람에게
잔인한 가혹행위와 언어폭력의 만행은
박힌 옹이 치유되지 않는 상처로 남아
울분을 삼키지도 토출하지도 못하는
가슴앓이 두려움에 떨어야 하는 아픔은
어두운 터널을 걸어가는 악몽
핏물보다 진한 하늘만 아는 눈물
비껴가지 못한 한 많은 세월은
상처보다 큰마음의 비수(悲愁)는
맺힌 매듭 풀지 못해
숯등걸이 된 가슴의 생채기로 남는다

날마다 불행의 늪에서 목말라 할 때
손 내밀어 희망을 심어준 등대
절망의 끝에 만난 함께하는 새로운 꿈은
시들어가는 생의 등불 밝혀준 수호신
마음을 채워주는 그림자의 울림은
새 지평을 향해 삶을 승화시키는

하얀 정념(情念) 소리 없는 인연
꿈을 향해 푸르게 비상하는 동행

* 2020. 11. 27, 제13회 한국 범죄피해자 인권대회 때 낭송 준비로 쓴 시. 코로나19 때문에 인권대회 생략(국무총리 표창 수상)

# 은행잎

봄이면 초록빛 펼쳐 나비를 유혹하는
천년 내일을 꿈꾸는 은행나무
가을바람에 노란 물결이랑 사이로
미쁨으로 유혹하는 민낯의 은행 열매
사랑스러워 발길 멈춘다
계절 따라 고운 옷 입혀 주는
은행나무의 모성은
이정표 없는 인생길의 윤회를 본다
미틈 달을 보내는 길목
추억 내려앉은 금빛 은행잎
노란 카펫을 깔아 놓고
사분사분 걸어가라 한다
요정들의 민얼굴 가로수길 걸으며
스며오는 행복 여행을 한다

## 일기장을 보며

빛바랜 일기장 옛 그림자
지나간 날들이 서성이는 흔적들
오랜 세월에 남겨진 추억
다시 돌아오지 않을 시간은
흑백사진 속 하많은 사연
가꾸던 인연 화석처럼 남아
멀어져가는 전설처럼 흘러간다

버려야 할 시간, 짐 내려놓지 못해
허공으로 번져가는 그리움
가슴을 물들이는 밀어
정진해야 할 남은 인생길
바람이 쉬었다 가는 꽃처럼
집착하지 않는 바람처럼
강물도 구름도 뉘 탓하지 않듯
하늘 같은 아름다운 여정 남기는
은애(恩愛)로운 온기의 체온으로
흐르는 강물처럼 살고 싶다

# 인제 백담사

너른 백담계곡을 건너는 세심교 아래
질펀한 천에 헤아릴 수 없이 쌓아놓은 돌탑
세속의 번뇌 내려놓으라 말하는 듯하다
계절마다 다른 옷으로 갈아입는 풍광은
길손들의 마음을 출렁이게 한다
설악산 대청봉 봉정암에서
계곡 타고 내려온 백담 개울물
명경지수는 물고기들의 천국
거기에 하늘 그림자 내려와 노닌다

내설악을 품은 백담사 경내에 들어
두 손 합장하여 기도 올리고
만해 한용운님의 근엄한 흉상 앞에
고개 숙여 묵념으로 예를 차린다
전두환 전 대통령 머물렀던 전각 화엄실은
방문 채워진 사연 깊은 기운만 남은 살풍경
무거운 마음 관세음보살, 합장으로 비운다
비 내리는 백담사 농암실 차향
아늑한 분위기, 내 마음 읽는다
갈 길이 바쁜데 어쩌자고 유혹하는가?

* 2020. 1. 10~11. 한국작가협회 문학기행

# 자운영

바람에 자줏빛 안개 어리는
빈 논바닥에 자오록한 자운영
낭창낭창한 꽃대와 잎으로
죽을 쑤어 헛배 채우던 시절
잎새 달*이면 연한 새싹 뜯어
두레 밥상 봄나물 입안이 달던
보릿고개 가슴을 적시던
들꽃 바람결로 꽃문 여는 꽃무리
간드러진 꽃물결 이는 월파(月波)**
눈물 같아 뜨거워지는 가슴

고향 길 만개한 들녘
푸른 날개옷 입은 홍자색 자운영
옛 여인들의 추억 덧씌워진다
밤을 읽는 향기 두근거리며
손 흔드는 사랑처럼 고운 꽃
감성에 젖어 시를 읊조리게 한다
가슴을 떠나지 않는 자운영

* 잎새 달(4월) : 물오른 나무들이 저마다 잎 돋우는 달
** 월파 : 달빛이나 달그림자가 비치는 물결

# 잘피

바다의 보석 꽃을 피우는 잘피
번식을 위한 수꽃 씨앗 방출은
그들만의 성(城)이 되어
바다의 향연 선율로 너울대는 잘피밭
연안이나 느리게 걷는 만의 일등공신
다양한 어종(魚種)들의 생명의 숲은
먹잇감이 풍부한 곳간은 바다의 허파
은신처가 되기도 하는 환상적인 세상
적조와 같은 해양오염의 방지는
탄소 저장으로 푸른 낙원을 만든다
온갖 색깔의 생물들의 길잡이
물꽃 이야기 장단에 뒤섞기는 잘피
해양생물의 서식지와 산란지를
광합성을 통해 영양분과 산소생성은
바다 숲을 보존하여 안식처로 만든다

소금기를 이겨내며 바다를 지키는 수호신
무계획의 개발 훼철은 생육지를 잃어간다
어종들의 생사고락의 면면을 반추하면
인간의 삶이 얼비치는 성찰이 되는 현주소
문명(文明)을 순수로 과장한 천태만상은
자연의 조화로움에 이기심이 묻혀갈 뿐

내려놓지 못해 소확행의 꽃길 사라진다
푸른 궁전의 문을 열어주는 잘피밭
열정의 갈채들이 팔랑이는 영역

* 잘피 : 해수에 적응하여 바다에 분포하고 있는 속씨식물을 통칭하는 바다식물

# 장항 송림 삼림욕장

천혜의 얼굴 삼림욕장은
해송림 사이로 설핏 보이는
황금빛 서녘 해넘이
노을 탄 전설이 유빙처럼 흐르고
오가는 고깃배는
밀어를 속삭이고 있다

밤으로 가는
어두움이 내려앉는 노을빛 정념
적막감이 진하게 밀려오는
한적한 파도 소리
수평선은 말한다, 실루엣 겹치는
독특한 풍경에 빠져 보라고
물안개 피워 올리는 해풍
수면(水面) 밑으로 흐르는
역사의 이야기 남아
염화미소 흐르는 서해
발목을 잡는다

## 정선 예미초등학교

아득히 먼 옛날이 바람에 헤적이는
꿈처럼 스쳐간 유년의 아릿한 추억
울울창창한 숲길 지나 고갯마루 넘으면
산골 벽지마을 예미초등학교의 운치분교
운동장과 앞 개울가에서 노닐던 친구들
아른거리는 얼굴 그때 사연들의 나래가
학교 뒷산 솔숲 사잇길 오간다

운치분교로 먼저 부임하셨던 아버지는
어머니와 두 딸 마중 기차역으로 나왔지만
재회하지 못한 실망은 허공을 비상하고
도랑물 말갛게 흐르는 돌개울 건너서
아버지 집에서 기다렸던 발걸음 소리
이유가 방황하는 시간이 흐르고
햇볕 싸늘한 밤하늘 별빛 초롱일 때
기다림에 지친 사유를 안고 돌아오신
벅찬 만남은 잊히지 않은 소중한 기억
메기 잡아 툇마루에서 수제비 먹던
추억은 남아 그리움 물들이는데
부모님은 천상에서 어떻게 살고 계실까?
아버지 어머니가 기다리실 것 같은 초가집
반겨줄 그때 그 사람들은 간 곳 모르는

방초 초연히 웃어주는 개울가 그 집
별빛 달빛 이야기 품은 그곳이 그립다

* 강원도 정선군 신동읍 운치리, 예미초등학교의 운치분교.
1957년 즈음의 추억(기차역은 예미역)

# 자연의 절규

태양을 갈망하던 땅이
문명의 칼에 동강 난다
개발이라는 이름으로
이성을 잃은 도벌꾼
대지를 약탈하는 굉음 소리
인위적인 생태계 파괴로
속인들의 먼지로 얼룩진다
자연의 거울이 깨지기 시작하는
나무들의 통곡 소리 들리고
수백 년의 역사가 사라진다

날카로운 산의 비명
사회 문제의 현주소가 방황하는
바삭거리는 얇은 내막은
아픈 곳을 더 아프게 찌르고
산산이 찢어진 암반층에
빗물이 드러누워 한숨 토해낸다
숨이 막혀 죽어가는 자연의 절규
고향을 잃어가는 슬픈 연가는
계절 속에 묻혀간다

이정표 없는 난개발의 굉음에
산새들 울부짖는 소리 들린다
황토 드러난 산언덕
마른 바람만 오고 간다

# 잠자리

알에서 수채로 밤에만 탈피하는 잠자리
해가 떠오를 때
어른 잠자리가 되어 하늘로 오른다
하늘하늘 군무 추는 붉은 고추잠자리
필사적인 삶을 향한 본능에
푸른 하늘 같은 향몽을 본다
창공을 부유하며 떠돈다
겨우살이 마련하는 애호박 채반에
제집인 양 앉은 뎅그런 눈망울
만추의 넉넉함을 즐기는 잠자리
포획하려 다가가는 손이 무색하게
검불보다 가볍게 바람을 타는
작은 몸속에 숨어 있는 에너지로
생명의 멸종을 지켜낸다
깔따구나 모기를 먹고사는
무관심 속에서도 이로움을 주는 곤충
가을이면 들녘 파수꾼 허수아비 친구
산란을 위해 산이나 들에서 보낸다
강가나 습지에 산란 후 일생을 마감하는
거스를 수 없는 또 다른 이별을 낳은
성충으로 가는 변태의 흔적 허물을 본다

# 제13호 태풍 링링

천지를 뒤흔드는 태풍
거센 괴성에 온 누리는 술렁인다
강풍 경로 따라
속수무책 당할 수밖에 없는
막막한 현실을 재난방송에 의존하는
갈 곳 없는 마음 허둥대는 하루다
천 가구의 정전 늘어나는 피해
뉴스 속보마다 심장이 뛰는 소리
가로수의 울부짖는 소리
한숨 소리 하늘 길을 걷는다

요동치는 태풍 링링은
바다는 사나운 너울과 해무가 엉켜
물보라의 반란으로
포효하는 악마의 바다가 된다
기록적인 강풍의 위력에
산사태 가옥 침수 농작물들을
초토화한 동영상과 뉴스를 보며
망연한 충격으로 애끓는 마음
찢어진 흔적들의 상흔도
갈 곳 없는 거리로 내몰린 사연도
역사의 전설 속으로 묻어가리라
북한 황해도 해주 상륙했다는 뉴스
안도의 숨소리 내 안에 들고

# 조약돌

온갖 풍파에 시달려도
닳고 닳아도 깨어지지 않는
반질반질한 윤기 나는 몸매
알록달록 천년을 단장한 조약돌
사랑처럼 고운 자태로 길손 유혹
연이 닿는 인연은
누구라도 탐을 낸다
부딪히고 쓸려도 밀려가지 않는
올곧은 지조 배려와 포용으로
강변 햇살과 노닌다
무릉도원을 만드는 요정들
물빛 그림자 물든 수채화 속 얼굴
풀밭 같은 포용으로 번지는 미소

# 주마등

나뭇잎 떨어지는
소리 들리는 밤
바람이 전하는
그리움의 그림자
수은등 불빛으로 모여
사색에 젖게 한다
머문다는 것은
떠난 것이 많아서일까?
절절함이 아른아른
아련한 기억에
먹먹해지는 가슴
진한 추억 마음을 적신다
저물어 가는 황혼 길에
뒤안길 더듬는 사연
담담한 가슴을 출렁이게 한다
꿈처럼 멀어져간 옛이야기

# 지렁이의 묵언 수행

물안개 바람 타는 산책로에
나들이 즐기던 지렁이
땅속을 어석어석 흔들어
흙의 공기 흐름을 통기 시킨다
식물의 뿌리가 숨을 쉬게 하고
수질 대기오염 방지에 탁월한
원통형의 몸을 가진 환경 파수꾼
숨어 있는 에너지는
생명의 멸종을 지켜낸다
자웅동체의 몸은 번식을 위해
자웅이체의 다른 개체와 짝짓기를 한다
길목을 서성이는 일기예보관
건조하기 쉬운 피부 때문에
날이 흐려지는 날은
제일 먼저 비 마중을 한다
분변마저도 퇴비가 되어
옥토로 만드는 고마운 존재
우리가 남긴 음식 찌꺼기를 먹는
환경을 청결하게 하는 청소부
토양을 리메이크하는 묵언 수행으로
바람 닮은 들풀처럼 묵정밭도 지킨다

# 차 이야기

찻물 끓는 소리
맛과 향이 만나는 이야기
장인들이 빚어낸 찻잔
옛 사연이 드나들고
기품(氣品) 있는 여인의 손길로
따끈한 차 한 잔의 호사
건조한 호흡 사이로 녹아든다
방전된 에너지에 여백이 흐르고
내 안의 나를 만나는 차
동양 최고의 문화에
고아한 미소 번진다

마음이 술렁이는 차들의 이름
매화차, 녹차, 쑥차
맛과 향 사연도 제각각이다
속가슴 적시는 매화차
고향 언덕 지키는 쑥차
구름 타는 하늘처럼
차들의 향기가 슬몃슬몃
마음을 덮치는 날
옛 친구 불러 차 한 잔 나눈다

# 5

# 황혼 인생길

# 천년 옛길 백화산 둘레길

호국(護國)의 영산 아래
옛 전설이 그윽한 천년 고찰
하늘을 향해 꼬리를 쳐든 맹호
호랑이 너덜겅이 지키는 반야사*
울창한 나무와 기암괴석의 여울에
흐트러지는 마음 모아
헛된 욕심 내려놓는
소원하는 소망의 돌탑에
내 마음도 얹어 편승한다

물소리 벗 삼는 낮달의 반영
금강으로 흘러가는 은빛 물결
바람 마중 나오는 강변 숲길을 품고
세상을 담아 흐르는 석천은
천년의 사연 귓전을 돌아든다
바람 소리 새소리 물소리 연연한
풍류를 즐기는 선비들이 찾던 명소
옛 선인들의 혼이 서린 곳
가슴 적시는 하나 되는 마음으로
다시 오겠다는 언약을 남기며
구름처럼 떠나가는 길손

* 반야사 : 충북 영동 백화산 자락에 원효대사 제자 상원 스님이 창건한 천년고찰 반야사

# 천년의 농다리

문화유산 천년의 세월 농다리는
미관 역사성 기능성의 으뜸
굴티마을 세금천에 축조된 돌다리
세월과 한 몸 되어 천년을 해로하며
자신의 몸을 밟고 지나도록
문을 열어 길손을 묵묵히 기다린다
수많은 설화와 전설의 사연
역사를 지켜온 한국의 다리
마을과 마을의 연결고리는
삶을 엮어가는 끈이다
거대한 지네 모양의 진천 농다리
봄여름 가을 겨울 계절 따라
새로이 단장하는 풍광
겨울 오면 눈 덮은 하얀 설경으로
노을 내리는 세금천 비경에
칼바람도 숨을 멈추고 쉬어간다
인생 애환 서린 숨결을 품은 풍경
징검다리 나무다리 섶다리 이야기
그리운 추억들이 가물거린다

* 농다리 : 충청북도 진천군 문백면 구곡리(굴티마을) 앞 세금천에 거대한 지네 모양의 돌다리

# 천변을 걸으며

꽃 피고 꽃 떨어지고 열매 맺는
추억이 도리질하는 실개천
물비늘 윤슬로 나직이 속살거린다
물살을 휘감아 에돌고 도는
여울지는 추억 흐르는 물소리
잊었던 지난날들이 소환되어 온다
꽃나무 아래 번지는
풋향기 농익는 천변(川邊)에서
삶의 황혼 여정 헤아려 본다
겨울과 봄 사이를 건너는 계절처럼
사람과 사람 사이의 관계 유지
그리움과 기다림의 사이
너무 가까워도 너무 멀어도
안 되는 간격이 필요한 사회
자연의 조화대로 물이 흐르듯
인생은 그렇게 가는 것
공허함이 허공을 걸어간다

# 청호동 아바이마을

속초 시내와 옛 섬 아바이마을 오가며
청호동과 중앙시장을 연결해 주는 갯배
수로를 건네주는 유일한 교통수단이다
묵직한 쇠고랑 줄이 동력도 되고
돛대가 되는 수동으로 움직이는
멍텅구리라는 별명까지 있는 갯배 타고
아바이마을에서 유명한 오징어순대를 먹은
그 옛날 탐방 색다른 체험 흔연하다
부슬비 오는 거리에 아쉬움 남긴 채
연을 이어주는 갯배 다시 만나
거룻배 나룻배 갯배 이야기 나누며
바람처럼 앉았다가 아쉬운 작별을 한다

인연의 끈을 이어주는 다리 역할을 하는 갯배
청호동 아바이마을로 가는 뭇사람들을
오늘도 내일도
바람처럼 오가는 길손을 기다린다

* 2019. 4. 26. 한국작가협회 문학기행

# 추억 찾아 구도항

옛이야기 남은 구도항
다시 찾은 별유선경(別有仙境)
추억이 마중 나오는 둑길
언제 입주했는지
특구가 된 마가목 무리
고아한 빛 고고함마저 서려 있다
감성을 흔드는 들국화 향수에 취해
이바지 형제들 오가는 정담 도란도란
둑길로 달려오는 바람도 향기롭다
그날의 비경이 반기는 구도항
심장을 들썩이게 하는 바다의 윤슬
세월을 품은 사운대는 물비늘
아슴아슴한 잊었던 기억 찾아온다

미련의 잔영 남은
짙은 여운, 울림 이끄는 옛집에서
옛날을 소환하는 낙지 샤부샤부와 약주
위로와 휴식 기쁨이 오가는
꿈이 아닌 꿈인 듯 지난 하루

* 2020. 10. 24 : 이바지 형제 나들이(팔봉산 산행, 구도항)

# 초아(草芽)의 봄날

강둑 노란 민들레 꽃다지
발아래 고아한 얼굴로 반기고
길손 홀리는 개나리 진달래
산을 물들이는 봄
연분홍 벚꽃 초록 이파리들의 향연
계절마다 오가는 순서를 지키는
제 할 일에 심취한 경건함을 느낀다

봄의 전령사 냉이 쑥 씀바귀
양지녘 햇빛 유혹에 참살이 식탁 꿈꾸며
토속 음식에 익숙한 맛을 위해
참쑥 물쑥 제비쑥 보는 대로 뜯는다
햇잎이 나올 때 뜯은 쑥된장국으로
자연의 밥상과 함께 추억을 먹는다
남편의 기분 좋은 상쾌한 목소리도 듣는다
코로나로 묶여 있는 보이지 않는 창살
불확실한 시대에 사는 우리
쑥 뜯기로 위로받으니 일거양득
공짜로 공기도 마시니 천국이다
생활의 전통음식으로 닫힌 문 열리니
코로나도 박멸할 수 있을 것 같은 초아(草芽)

* 2020년 4월의 봄
** 초아(草芽) : 풀의 새싹

# 카페 손수*

화안히 웃는 꽃들이 반기는 찻집
오랜 이야기 머무는
의적한** 창가에 앉으면
사랑처럼 들리는 낙숫물 소리
무념무상 차향을 품게 한다
낙수 소리에 상념들이 달려오고
내 고향 샛강으로 흘러가는 추억
어룽지는 창밖 마냥 바라본다

인생 여정 광야의 한편
좋아하는 지인과 동행은
앞자리를 채우는 무언의 심미안
조약돌이 아닌 보석으로
인생길 함께 채색해나갈 씨밀레
객창으로 모이는 수다와 함께
고품격 명품 손수 카페에서
고아한 놋그릇에 담긴 팥빙수와
수동 드립 커피를 마신다
마음의 갈피마다 추억을 쟁이며
세월을 돌아보는 면벽의 시간
여백의 향수에 방점을 찍는다

* 카페 손수 : 경기 안성시 원곡면 칠곡리 656. 손수 카페
** 의적한 : 마음에 들거나 뜻에 맞는

# 카페에서

길손 마중하는 찻집
바람에 젖는 차향
마음을 얹어 함께 동행한다
가슴을 흔드는
감미로운 음악에 취해
환상적인 기분까지
함께 저어 마시는 찻잔에
뜨거운 생각들이 몰려온다

오가는 세월의 그림자
구름 탄 하늘 샘에 머물고
낮달의 노래 흐른다
옛이야기 물든 실루엣
은은한 쉼표에 등불을 켜고
새로운 세상의 삽화를 담아
갈색 추억 나부끼는 찻집에서
차향에 기대어 시를 쓴다
오색 불빛 찰랑이는 가슴

# 커피 2

세상살이 달달한 이야기에
커피 한 티스푼 넣어 마시면
갈라쇼를 보는 듯 부푼 마음
찾아온 낭만이 따스한
봄 뜨락을 넘노는 나비가 된다
동행하는 추억의 여로
안을 수 없는 그림자
한 모금 남은 커피 잔에
해불양수(海不讓水) 마음 담는다

커피는
마음의 풍경이 심상할 때
소확행의 심미안은 승화되어
드레질 없는 본유의 마음으로
여백을 채워가는 요정이다
오늘도
명경지수보다 맑은 마음으로
해원을 비우는 커피 한 잔을 마신다

# 캐모마일

국화과에 이름 담은 허브
향긋한 풋사과 향 감미로운 차는
마음을 살근살근 흔든다
긴장 완화와 피부 탄력에 좋은 차
문화를 누리는 여인들의 로망이다
바람이 쓰담쓰담 스쳐가는 꽃잎
향기로운 향 넘나들면
두레박질하는 가슴 차 한 잔에 기댄다
바람의 노래에 캐모마일 하늘거림
옛이야기 들려주는 꽃
문화의 신세계 찻집에 들면
차향 유혹 풍미에 젖을 수 있는
염화미소, 가슴 따스해진다
속가슴을 산책하는 연둣빛 떨림

# 통복천의 침묵

하늘빛 품은 맑은 물속에
피라미 붕어 떼들이
구름 속에서 술래잡기한다
나도 서 있다
마음이 쉬어가는 힐링의 쉼터
왜가리 잠자리도 모여드는 곳
통복천, 평택시민들의 명소
정의를 향한 푸른 노도는 잠들고
하늘을 덮는 부정부패로
병들어 가는 이 강토
건설 폐기물의 장기간 방치는
비산분진 유발의 원인이 되고
침출수를 생태하천으로 방출하는
얌체족 무법천지를 방관하는 현실
근본 대책이 외면당한 침묵
무방비 대책은 이정표가 없다
시간의 깊이만큼 박혀 있는 옹이
무수한 언어들만 들렀다 간다
연정을 잉태한 분홍빛 물든
햇살 실은 벚꽃 봄으로 번지는
무릉도원 걸으며 물음표 던진다

# 평택의 명소

평택은 멀리 떠나지 않아도
명소의 품에 젖을 수 있다
억새꽃 일렁이는 소리 들으며
사랑처럼 달곰한 가슴으로 걷는 길
천국이 되어 묵은 옹이 털어낸다
노을이 장관인 바람새마을 소풍정원
진위천을 그이와 거니는 둑길
하천변 가시박, 호박잎을 닮아 정이 가는
발길 붙잡는 귀화식물인 가시박 외래식물은
생태계 교란종이라 하지만 담녹색 암꽃*
하얀 미소에 반해 마음도 몸도 흔연하다

도란도란 나누는 옛 추억도 소환한다
서울 청량리 신접살이 꿈길 걸을 때
동대문에 살았던 그 친구 보고 싶은 얼굴
추억이 새록새록 초롱초롱한 사연 오간다
꽃길 바람에 얼비치는 이름 나숙이

* 암꽃 : 수술은 없고 암술만 있는 꽃(밤나무, 호박꽃 등)

# 핑크뮬리

민초의 생명력으로 장관을 이룬
너울대는 핑크뮬리* 이랑 길은
카멜레온 꿈길 걷는 듯하다
연자줏빛 얼비치는 분홍빛
찬탄으로 가슴에 이는 돌개바람
여울져가는 바람결
밀려왔다 밀려가는
사잇길에서 숨을 고르는지
구름인 듯 아지랑이같이
신기루처럼 이랑 사이로
바람에 밀려오고 밀려간다
뒤척이는 애원 옛 벗님들 얼굴
덧씌워지는 그림자 바라기
가을 편지를 쓰는 핑크뮬리
누구에게 보내려나
홀연히 설레는 그리움

* 핑크뮬리 : 분홍억새라는 이름도 있는 희귀식물

# 하늘에 그린다

꽃구름 노니는 하늘처럼
같은 공간을 살아온 인생 여정
늘 곁에 있는 선물 같은 동반자
마중물 되어 주는 여백의 품에서
천년을 노래할 삶의 삽화를
비단길도 진흙탕 길도
꽃길 걷듯 둘이 함께
디딤돌 되는 신세계를 그린다
열정의 갈채가 알알이 영그는
삶을 승화시키는
해묵은 추억 번지는 하늘에
흐릿해진 지난날도 채색한다
얼굴에 피어있는 검버섯
전설의 이야기처럼
위대해 보이는 세월의 훈장
무심으로 흐르는 구름처럼
청아한 하늘에 우리의 꽃길
살포시 그려 넣는 우렁각시

# 하늘의 꽃구름

하늘이 비단을 펼쳐 놓은 듯
끝없이 흐르는 강물처럼 투명하다
파란빛, 전환점을 선물하는 쉼표가
긍정의 힘 에너지 덩어리가 담긴다
하늘을 걸어가는 꽃구름
만물을 품어 초탈한 빛으로
인생은 정답이 없다는 것을
묵언으로 전해 준다
갈무리 못한 언어 내려놓으니
우리들의 하늘 사랑처럼 곱다

구름 타는 낮달 노니는 곳에
여정의 갈피에 묻어둔 남은 말
산전수전 동분서주하시던 어머니
다시 오지 않을 추억의 그림자
그리운 흔적들 꽃구름에 태운다
천상에 계신 아버지, 어머니
쓰고 달은 커피 같은 인생 여정
옛이야기들을 대작으로 그린
하늘을 덮는 그림 천국이 된다

# 해어름 카페에서

서해대교 야경을 품은 해어름 카페*
꽃바람 사운대는 비단길 들어서니
달달한 환청 바람의 소리 정겹다
칠보단장한 사랑처럼 고운 얼굴
손님맞이 정다운 선물 같은 꽃길
우주적인 신비로움에 젖게 한다
환희의 물결 꽃잎 맑은 미소
그대 손짓 심연 속으로 흐르는
천국의 정원에 온 듯 흔연하다
특별한 순간은 하늘 길을 걷고
마음을 달뜨게 하는 천등(天燈)
갈채의 물결 황홀한 나래 펼치고
불빛마다 수놓은 깊은 울림
만삭의 홍시 빛깔 여백의 품에서
느낌이 하나인 인연의 마음 읽으며
문화의 신세계 불빛 스민 커피를 마신다
구름 문 열어 별들의 노래 듣는 밤

* 해어름 카페 : 충남 당진시 신평면 매산해변길 114.(아름다운 밤, 아름다운 만남. 2019.11. 1.)

## 향수

물 위를 떠도는 부평초처럼
파르란 달빛 밤빛으로 스며든다
기억 저편으로 살아나는 연심
수구초심의 마음은
물 보랏빛 이슬을 머금고
회한의 기억에 흔들리는 시간
닿을 듯 닿지 못하는 남겨진 불씨
질퍽한 허무에 잠긴다
빈 하늘을 품어야 하는
만날 수 없는 유정한 웃음소리
전설의 세월을 넘나들고 있다

가슴속을 수놓았던 밤바람
잊을 만하면 찾아오는 목마름
둥근달 속에 잠겨 있는 얼굴
슬라이드처럼 지나가곤 한다
세월의 강을 가로지른
살포시 내려앉은 홀씨 하나
연연한 생각 문설주에 걸어놓는다
전해 줄 사람 없는 고향 이야기를

# 호수

달빛 바람에 헤살대는 숨결
첫사랑 마중 나오는 발걸음 소리
뒤섞이는 추억들이 가슴을 흔든다
호수에 들어앉은
동그란 얼굴 품었더니
피어오르는 윤슬
옛날을 기억하게 한다
세월의 뒤안길을 서성이는
마른 인연
홀연, 만나지는 날
그때 철없던 시절
아프게 내뱉은 말들
실없는 변명이라도 하고 싶다
오늘도 마음이 가는 옛 고향
소꿉친구도 보고 싶다
심장을 만지는 잊었던 추억들이
숨바꼭질하는 달빛 호수

# 황혼 인생길

낙엽처럼 기우는 황혼 인생
몸은 초로 되고 야위어 간다
한숨 토하고 한탄할 기력조차 없는
쇠잔한 걸음 바람 앞에 등잔불 같다
후회로 돌아보는 세월의 굴레
비우지 못한 죄 아쉬움으로 남아
무언의 반항은
아스라한 기억의 껍질만 깨진다
요양원 실버타운
형평성 안 맞는 사유 운운하면서
효도라고 말하는 자식들
뒤돌아보는 인생길
먹고 살아야 한다는 핑계는
하늘이 무심하고
대책 없는 현실 이정표가 없다
노을 길을 걸어가는 석양은
내일을 기약하는 언약을 남기는데
애면글면하던 모노드라마 같은 인생사
황혼길, 기웃대는 사연
뜨는 태양 답장 받아 오려나